Tac 1

Тав 2

Tao

A cura di **Antonio Pittau**

Tao 4

*Dedicato agli amanti
della filosofia Orientale*

Tao *tradotto spesso come*
Il Principio, la Via *o* **il Sentiero.**
È uno dei principali concetti della filosofia cinese.
È l'eterna, essenziale e fondamentale forza
che scorre attraverso tutta la materia dell'Universo,
vivente o meno.

CB

L'uomo che, con o senza ira, proferisce contro un altro uomo parole cattive e irose, non si dovrà mai aspettare di ricevere in cambio buone parole e saggi consigli.

CB

Quando la gente non teme la forza, allora, come solitamente avviene, la grande forza discende su di essa.

CB

Un carro carico scricchiola, uno vuoto fa solamente un gran fracasso.

CB

Si può uccidere il comandate di un grande esercito, ma non si potrà mai uccidere l'ambizione dell'uomo comune.

CB

L'ozio è un grande tormento, il lavoro è un grande riposo.

೫

Se, come il fuoco, il dolore d'amore mandasse fumo, l'eterna notte ravvolgerebbe il mondo per secoli.

೫

Se in vicinanza del nostro obiettivo ci distraiamo ... perdiamo l'occhio quello che ci interessava ...

೫

Il saggio ovunque vada, con passi rapidi o lenti o lentissimi, ha pur sempre il suo pensiero che supera il vento in celerità.

೫

Il destino è come un camaleonte in cima a un albero: basta un soffio di vento perché cambi colore.

೫

Chi semina in Ottobre sotto la pioggia, raccoglie in Giugno sotto il sole.

⁓

La mente umana è più penetrante che conseguente, abbraccia più di quanto possa legare.

⁓

L'uomo deve circondare di fecondità è di affetto la sua casa come il sole circonda in un solo giorno di fecondità e di affetto la madre terra.

⁓

Lascia il gracidare alle rane, il gracchiare ai corvi e le cose vane ai vani.

⁓

L'uomo superiore non tenta di criticare gli altri per colpe nelle quali cade egli stesso e non induce gli altri a vergognarsi per i loro falli.

⁓

Chi apre la porta guardando in alto saluta il ladro che entra dal basso.

႘

La nobiltà non sorretta dall'onesta crolla al suolo. Nobile è colui che è nobilitato dalla virtù; degenere è colui che non ha nessuna virtù.

႘

La vita è una sorgente di piacere, ma per colui che ha lo stomaco vuoto tutte le fonti sono avvelenate.

႘

Accade spesso che, in questo mondo, lo stomaco modifichi il cervello; infatti chi è sazio difficilmente crede a chi ha fame.

႘

Il moralista deve rinascere ogni volta. L'artista, una volta per tutte.

႘

Fuggendo dalla pioggia capita di imbattersi nella grandine.

ॐ

Una buona azione non comporta ricompensa.

ॐ

Usare le parole aspre quando esistono quelle gentili è come cogliere frutti acerbi quando pendono quelli maturi.

ॐ

Una piccola pietra a volte è sufficiente per rovesciare una grande carro.

ॐ

L'amore porta ardue veglie, asprezze e dolori. Ma quando hai gustato l'amore ogni cosa è tua.

ॐ

Colui che è un buon giudice degli uomini corregge quello che sente con ciò che vede; colui che non è buon giudice degli uomini corrompe ciò che vede con ciò che sente.

❧

Spesso anche sotto a un lacero mantello trovi la sapienza. Non disprezzare chi si trova sotto a esso e accoglilo sempre con magnanimità.

❧

Il desiderio di un uomo spensierato cresce libero come una liana.

❧

Un pezzo di legno acceso, separato dagli altri, subito si spegne.

❧

Per il cavallo pigro il carro è sempre pesante anche quando è vuoto.

❧

Non bisogna dormire sugli allori per lungo tempo. A lungo andare le foglie si essiccano e si riposa male su di un letto di foglie secche e dure.

❧

Se non si scala un alto monte, non si riconosce l'altezza del cielo; se non si scende in un abisso profondo, non si riconosce lo spessore della terra.

❧

L'arma più efficace per superare le avversità è la pazienza, meglio ancora se accompagnata dal sorriso.

❧

Chi sa quando è giusto fermarsi non incorre mai nei pericoli.

❧

La persona irruenta non può esprimere giudizi sereni.

❧

Se l'uomo fosse severo con se stesso e generoso con gli altri, non vi sarebbe mai tra gli uomini alcun risentimento.

ೞ

Chi insegna non deve fare distinzione fra ricco
e il povero, fra grasso e il magro, fra il piccolo
e il grande. Non deve operare alcuna
distinzione tra i suoi discepoli. Se esso sarà un
saggio dovrà dare a tutti la stessa saggezza.

ೞ

Lo spirito orgoglioso, lo spirito cavalleresco e
il bello spirito diffondono fragranza perfino
quando di un uomo non rimangono che le
ossa.

ೞ

La pianta del male è facile da trovare e da
trapiantare come una pianticella di riso, il bene
è una pianticella quasi unica e difficile da
trapiantare ed è rarissimo raccoglierne i frutti.

ೞ

Colui che fa il male e ha paura di farlo sapere
ancora ha un seme di bene nel suo male; colui
che fa il bene ed è ansioso di farlo sapere ha
una radice di male nel suo bene.

Non lodare la luce del giorno fino a quando non avrai conosciuto il buio della notte. Non lodare l'uomo prima di conoscerlo bene.

Dormire non è un'arte da poco: è necessario vegliare tutto il giorno per arrivarvi.

Chi si è affaticato nel sole dell'estate, stia pure all'ombra del sole dell'inverno e si riscaldi al calore del focolare.

L'ingegno diventa robusto attraverso la forza personale; il carattere diventa deciso attraverso la volontà e il dolore.

Dove tuona l'evento di una grande scoperta, vi è stato il lampo scoccato da una buona idea.

❧

Come la fiamma di un lume sale anche se capovolta, così l'uomo piegato dal destino si rialza per lottare.

❧

Si deve somigliare al promontorio contro il quale s'infrangono di continuo le onde. Lo scoglio rimane immobile e intorno si placa il tumulto dell'acqua.

❧

L'uomo che ha un animo meraviglioso ha sempre qualche cosa di meraviglioso da dire; ma l'uomo che dice cose meravigliose non possiede necessariamente un'anima meravigliosa da trapiantare nei giardini celesti.

❧

Chi fa una promessa con leggerezza troverà difficile mantenere la parola; chi fa molte cose con leggerezza, troverà sulla via molte difficoltà.

Cʒ

Nell'indovinare e nel tacere l'amico deve essere maestro; non devi voler vedere tutto, il tuo sogno ti deve rivelare ciò che il tuo amico fa da sveglio.

Cʒ

Nessuno ha mai commesso un errore più grande di colui che non ha fatto niente perché poteva fare troppo poco.

Cʒ

Un uomo di genio non commette errori: i suoi sbagli sono l'anticamera della scoperta.

Cʒ

Neppure una pioggia di monete d'oro può soddisfare i desideri di un uomo ingordo.

Cʒ

L'amore è la chiave che apre tutte le porte dell'impossibile.

CB

Chiedi a una persona serena: "Perché sei felice?", e lei ti risponderà: "Perché no?"

CB

Come il ferro in disuso arrugginisce, così l'inazione sciupa l'intelletto.

CB

Chi non ha rispetto di se stesso chiama su di sé la vergogna; chi non è in guardia contro se stesso chiama il disastro; chi non è soddisfatto di se stesso crescerà; chi non è sicuro della propria correttezza imparerà molte cose.

CB

Colui che ha come unico scopo della sua vita il commercio non ha in sé la saggezza.

CB

Ciò che è dipinto dalla natura conserva sempre i suoi colori.

La natura rifà sempre allo stesso modo le medesime cose: gli anni, i giorni, le ore, le notti, e tutto continua all'infinito proprio per dirci che tutto è infinito ed eterno.

ଔ

Non essere mai pessimista quando attraversi un periodo di fortuna, puoi assomigliare a una vela a brandelli che attraversa il mare con il vento propizio.

ଔ

Le vesti lunghe oltre misura impediscono al corpo di camminare; le occupazioni smodate impediscono all'anima il cammino verso la virtù.

ଔ

L'uomo nobile assomiglia nella sua essenza al vento. L'uomo dozzinale assomiglia nella sua essenza all'erba. Quando l'uomo nobile avvicina l'uomo dozzinale è come se il vento passasse veloce sull'erba. Essa s'inchina.

꿈

Ecco i tre tesori da possedere: il primo è l'amore, il secondo è l'astenersi dal troppo, ossia l'essere frugali, il terzo è il non essere mai il primo nel mondo.

꿈

Di un uomo saggio, fermo nelle sue idee, si dice che uno statista; di un uomo sciocco, fermo nelle sue idee, si dice che è una catastrofe per tutta l'umanità.

꿈

Lavorare, mangiare, bere, dormire, amare: tutto deve essere misurato.

꿈

Quando si guardano troppo le stelle, anche le stelle finiscono per essere insignificanti.

꿈

Trovare non è niente. Il difficile è aggiungere a se stessi quello che si trova.

❃

Un giovane che sia stato aiutato a trovare la sua strada, anche quando sarà vecchio non si allontanerà da essa.

❃

Un giardino dovrebbe avere anche una parte rustica e incolta; se esso abbaglia semplicemente per la sua sontuosità, la sua volgarità soffoca il respiro.

❃

Le spighe di grano vuote stanno dritte, quelle piene si piegano; le prime sono abbattute al primo soffio di vento, le seconde proteggono gelosamente il loro frutto.

❃

L'amore non si rivela e perciò è luminoso; l'amore non mena vanto e perciò la gente si fida di lui; l'amore non è orgoglioso di sé e perciò è governatore tra gli uomini; poiché l'amore non lotta, nessuno al mondo può lottare contro di lui.

ෆ

Quando un uomo non teme la forza, allora, come solitamente avviene, la grande forza discende su di lui.

ෆ

Se la casa di un uomo non è solitaria, la sua mente non vaga lontana; se il viso di un uomo non mostra un poco di tristezza, i suoi pensieri non sono profondi.

ෆ

Colui che nell'animo è saldo come una roccia e non vacilla, colui che più non prova voglie per tutto ciò che le suscita, colui che non s'adira per ciò che eccita l'ira, non può più conoscere la sofferenza.

ෆ

Finita la commedia tutti i burattini ricadono inerti. Così è per gli uomini: essi attraversano la vita come può accadere in una grande commedia e i fili di essa sono maneggiati dal destino.

ႣჇ

Le chiavi per un cambiamento positivo sono l'approvazione di sé e l'accettazione di sé. Nel momento presente.

ႣჇ

Il profumo dei cipressi segue il respiro del vento. Le parole d'amore dell'amata guidano il corso della vita dell'uomo.

ႣჇ

Anche se giriamo il mondo in cerca di ciò che è bello, lo portiamo già in noi, è non lo troveremo.

ႣჇ

Lo sciocco non perdona e non dimentica. L'ingenuo perdona e dimentica. Il saggio perdona, ma non dimentica.

ႣჇ

L'uomo che ama la violenza morirà certamente di violenza.

❧

Tutto da solo si consuma chi non ama, ma chi ama dona anche la sua vita agli altri.

❧

Solamente i recipienti vuoti risuonano e sono uditi a grandi distanze.

❧

La grandezza di un uomo è così visibile che la si vede anche nella sua miseria.

❧

L'arte migliore è quella in cui la mano, la testa e il cuore di un uomo procedono in accordo.

❧

L'uomo saggio si occupa delle cose spirituali e non del proprio benessere; fategli coltivare una fattoria e morirà di fame; lasciate che possa occuparsi dei suoi studi e vi troverà ricchezza.

C03

I fiumi sono strade che camminano e che portano non dove vogliamo noi, ma dove vogliono loro.

C03

L'amore è una stranissima creatura dolce e assurda: si nutre di fantasia e muore di sazietà.

C03

Soltanto l'ardente pazienza porterà al raggiungimento di una splendida felicità.

C03

La giovinezza è un'abitudine che tutti dovrebbero gelosamente conservare affinché il tempo, che è ladro, non la rubi sotto gli i nostri occhi.

C03

La rana immersa nella melma di uno stagno non sente il profumo dei fiori. Che cosa conosce dunque del mondo?

Ⓢ

Nessuno conosce bene la vita finché il dolore non ha bussato alla sua porta; chi ha la forza della sofferenza, ha la forza dell'osare.

Ⓢ

L'uomo dai desideri disordinati non può compiere azioni generose.

Ⓢ

La perfetta ragione rifugge gli estremi e vuole che uno sia saggio con sobrietà.

Ⓢ

Chi ha poco dà molto più di quello che ha, chi non ha niente dona spesso e per sempre il suo cuore.

Ⓢ

Per il campo ci vogliono quattro cose: un buon bue che lavori, una buona acqua che innaffi, un buon seme che germogli e un buon contadino che non si stanchi mai.

C��

Leggere senza pensare determina una mente confusa, pensare senza leggere fa si che l'uomo sia importante.

C��

L'uomo che ha l'amore nel cuore apre le sue mani al povero e le tende al misero: sempre sarà vestito di coraggio e di dignità.

C��

Ciò che si mangia è perduto, ciò che si dona con il cuore viene reso raddoppiato.

C��

Non ti fidare del fuoco d'amore semispento, perché anche un sospiro può riattivarlo.

C��

La torcia della saggezza splende chiara e vivida finché non è guardata da due begli occhi: allora prontamente si spegne.

ଔଃ

Io, uomo, finché ho gambe, finché ho occhi, dovunque io vada, sono il signore delle montagne e dei fiumi, del vento e della brezza.

ଔଃ

Le gocce si raccolgono nel corso d'acqua prima di evaporare e disperdersi nuovamente.

ଔଃ

Le parole disposte diversamente acquistano un senso diverso. I sensi diversamente disposti producano effetti differenti.

ଔଃ

Sorridi sempre, anche se è un sorriso triste, perché più triste di un sorriso triste c'è la tristezza di non saper sorridere.

ଔଃ

L'asino può anche entrare nel tempio, ma non per questo si trasforma in monaco.

ℭℨ

Il denaro che si possiede è lo strumento della libertà: quello che s'insegue, lo è del servaggio.

ℭℨ

L'uomo può allontanare da sé i suoi più grandi mali con il lavoro. Tienilo presente, essi sono: la noia, l'invidia, il bisogno.

ℭℨ

Cerca pure quel tanto che basta per mangiare e per vestire. Tutto il resto è vano e bada bene a non vendere la tua vita preziosa per questo.

ℭℨ

Se c'è una cosa per cui vale la pena impegnarsi, è cercare ogni giorno di essere se stessi.

ℭℨ

Senza il latte nessun bambino potrà essere nutrito, senza l'amore il cuore non sarà mai esaltato.

CB

Il segreto dell'uomo che desidera una lieta vita per sé e per gli altri non è nel fare tutto ciò che gli piace e che ama, ma nell'amare qualsiasi cosa faccia per gli altri.

CB

Quando sulla strada della vita s'incontra chi vuole litigare, è meglio essere i primi a cambiarla.

CB

Più lontano si cerca il sapere e meno lo si apprende, perciò l'uomo saggio sa senza correre in giro, capisce senza vedere, compie senza agire.

CB

Quando un uomo si trova in una posizione elevata, non per questo deve tiranneggiare gli altri uomini. Quando un uomo si trova in una posizione subordinata non per questo deve essere servile per ottenere una posizione superiore.

❀

Tutti sbagliano in modo tanto più pericoloso in quanto seguono ognuno una verità. Il loro sbaglio non è quello di seguire una falsità, ma di non seguire invece un'altra verità.

❀

In ogni lacrima c'è una lezione, ti rende più saggio di prima, ti rende più forte di quanto tu possa sapere, e ogni lacrima ti fa avvicinare ai tuoi sogni.

❀

Nei momenti di vanità soddisfatta si dicono parole non sincere, nei momenti di ira accesa di dicono parole che offendono la cortesia; ecco perché le parole spesso devono essere dimenticate.

❀

C'è tanto di buono nei peggiori degli uomini, tanto di cattivo nei migliori di essi; tutti abbiamo bisogno della legge giusta, dell'etica e della spiritualità.

ભ

È difficile dire se c'è la speranza o se essa non esiste. La speranza è come una strada in campagna che si è formata solo quando la gente ha iniziato a percorrerla.

ભ

L'uomo che ritorna su quanto ha già appreso e riesce ancora a trarne nuove conoscenze è degno di insegnare agli altri il suo sapere.

ભ

L'uomo è un grande prodigio degli dei, l'arte è un piccolo prodigio dell'uomo.

ભ

Il pensiero rende l'uomo più grande di una montagna.

ભ

La polvere ammassata e portata dal vento può formare una montagna.

☙

Se al mattino mandi la sofferenza al tuo vicino, essa alla sera ritornerà nella tua casa.

☙

Gli uomini che creano il potere concorrono notevolmente alla potenza del loro paese; gli uomini che mettono in dubbio questo potere anche loro vi contribuiscono, perché è da loro che apprendiamo se ci serviamo del potere o se il potere si serve di noi.

☙

La pace dello spirito si può mantenere anche in mezzo a tutte le tempeste della vita.

☙

Talvolta la verità di una cosa non sta tanto nel pensiero di essa quanto nel modo di sentirla.

☙

I nostri compleanni sono piume sulle ampie ali del tempo.

Non accontentarti di rimanere sulla riva ad osservare l'acqua che scorre, immergiti nel fiume.

CB

Le parole scritte con inchiostro possono essere cancellate dalle gocce di acqua, ma i progetti scritti nella tua mente non li cancelli nemmeno se lo vuoi.

CB

Compassione, tolleranza e altruismo creano felicità, e calma e perciò sono virtù essenzialmente spirituali.

CB

La vita è una tavola imbandita. Basta con le cose amare! È arrivato il momento di gustare tutti gli altri sapori.

CB

La finzione è la verità dentro la bugia.

෨

Meglio giacere tranquilli sulla paglia con intorno pareti di fango che sedere inquieti su una poltrona d'oro con intorno muri di legno profumato.

෨

Il pensiero può agire più e meglio delle mani e di qualunque altro mezzo di cui l'uomo si serve per le sue opere.

෨

Che tu sia un re o un povero, che tu sia un falco predatore o un timido passero, che tu sia libero di amore mistico o un pio eremita, finché non avrai conosciuto te stesso sarai solo un presuntuoso.

෨

Ad ogni sensazione piacevole sorge l'attaccamento, ad ogni sensazione spiacevole sorge l'avversione, ad ogni attaccamento o avversione sorge la schiavitù dell'io.

‪ʚɞ‬

Puoi disegnare la pelle di una tigre, non le sue ossa. Puoi disegnare il viso di un uomo, ma non il suo cuore.

‪ʚɞ‬

Solo chi ha il coraggio di scrivere la parola fine, può trovare la forza per scrivere la parola inizio.

‪ʚɞ‬

Mantenere gli stessi percorsi preclude la scoperta di nuove possibilità, che potrebbero rivelarsi più entusiasmanti.

‪ʚɞ‬

Le azioni degli uomini sono le migliori interpreti dei loro pensieri.

‪ʚɞ‬

Il presente può essere un pessimo ambiente se arredato con residui di un passato difficile da dimenticare.

L'amore è una scala sulla quale gli dei scendono fino a noi e noi ci innalziamo fino a loro.

Il pessimismo conduce alla debolezza, l'ottimismo al potere.

Quelli che non risparmiano in tempi di abbondanza rimpiangono di non averlo fatto nei tempi di necessità.

Poiché sei un uomo, non dire ciò che accadrà domani, perché più veloce del battere delle ali di una mosca è il mutare delle cose umane.

Godere baci e abbracci all'insaputa degli altri e, a danno degli altri, è come mangiare furtivi i frutti dell'orto del vicino.

Come l'acqua di un fiume in piena, ribolle e scorre velocemente, così tutto ciò che accade nella vita di un uomo passa velocemente.

Nessun altro può dare la stessa attenzione a ciò che per noi è unico e veramente importante.

La povertà non è un disonore: il disonore è nella povertà senza ambizione.

Il pensiero più elevato è quello che contiene la gioia. Le parole più chiare sono quelle che contengono la verità.

Chi non sa piangere d'amore per la propria donna, non saprà mai piangere di gioia per la propria donna.

CƷ

Per placare l'impulso alla soddisfazione, la mente sostituisce alla nostra volontà di godimento un significato simbolico.

CƷ

Per salire veramente in alto, bisogna incominciare con umiltà dal basso.

CƷ

Nessun cuore di questo mondo è capace di amare e di odiare come vuole.

CƷ

L'uomo che fa molto sbaglia molto; l'uomo che fa poco sbaglia poco; l'uomo che non fa niente non sbaglia mai.

CƷ

Per affrontare un lungo viaggio una nave non si deve affidare a una sola ancora, perché la vita non ha una sola speranza.

☙

A chi opera con calma, ogni cosa è chiara e sicura; la fretta è sconsiderata e cieca.

☙

Di sempre la verità, non adirarti mai, pregato dona il poco che hai. Con queste tre sole virtù si sale vicino agli dei.

☙

Per vedere chiaramente la nostra immagine, dobbiamo solamente pulire lo specchio.

☙

È più difficile evitare di farsi guidare che guidare gli altri.

☙

Non essere freddo con un parente per un piccolo litigio, non dimenticare una cortesia di vecchia data per una disputa recente.

❧

La bontà è la giusta qualità che l'uomo deve
avere in abbondanza, la giustizia è il giusto
cammino che l'uomo deve seguire.

❧

Parla poco. Le parole sono come perle preziose
il cui valore aumenta in proporzione della
rarità.

❧

Imparando a gestire le piccole cose, possiamo
mettere ordine nel caos della nostra vita.

❧

Le gioie sono il carro dell'uomo, i dolori gli
speroni per il suo cavallo.

❧

La mente è uno strumento di auto protezione
contro lo straripare dell'inconscio.

ભ

Il vero viaggio non consiste nell'andare in nuovi posti, ma nel guardare con nuovi occhi.

ભ

L'amicizia e l'amore non si chiedono come l'acqua, ma si offrono come il tè.

ભ

Mille amici sono sempre troppo pochi, un nemico è fin troppo.

ભ

Per riuscire nella meditazione dobbiamo assomigliare a una stanza vuota: ovvero cercare di eliminare ogni pensiero, ogni fantasia dalla nostra mente …

ભ

Per imparare il bene non bastano mille giorni, per imparare il male un'ora è già troppa.

⁐

L'uomo non pensa mai all'avvenire se non quando gli da noia il presente.

⁐

Non tirare la coda al gatto, potresti trovare i denti di una tigre.

⁐

La realtà è la continuazione del nostro Spirito. Abbracciamo gli altri e abbracceremo noi stessi.

⁐

Ciò che sembra transitorio si protrae all'infinito, ciò che sembra caduco vivrà per sempre.

⁐

Bisogna saper distinguere il passo composto dalla corsa affannosa, il coinvolgimento, dall'esaltazione.

❦

La libertà è il vivere la vita senza la necessità di risultati specifici.

❦

Chi conosce gli altri è erudito, chi conosce se stesso è saggio.

❦

Proprio come una vera esplorazione, la meditazione è un processo per scoprire a poco a poco i segreti dell'essere umano e i tesori nascosti nell'anima.

❦

Distingui la disciplina finalizzata da quella cieca. Nel primo caso il fine illumina la strada. Se manca uno scopo, la pratica si trasforma in fanatismo.

❦

Alla serenità interiore corrispondono azioni esterne prive di errori.

CB

Per conoscersi completamente ed efficacemente, è opportuno osservarsi, ascoltare gli intuiti e liberare la nostra unica e irreplicabile voce.

CB

Il successo nella vita spirituale non è dovuto a eventi eccezionali, ma alla perseveranza e a una dedizione quotidiana.

CB

La felicità è la capacità di tirare fuori da una situazione tutto quello che contiene

CB

Se non finalizziamo il sacrificio, questo si disperderà.

CB

Pensa a tutta la bellezza ancora intorno a te e sii felice.

છ

La conoscenza è consapevolezza.

છ

Per mutare i nostri obiettivi bisogna credere alla loro bontà. Se fra il nostro obiettivo e noi c'è un legame spirituale, riusciremo a raggiungerlo.

છ

Il pensiero successivo è immancabilmente più saggio.

છ

Per le buone idee non ci vogliono tanti soldi ma il coraggio.

છ

Lavoriamo, desideriamo realizzare progetti e viaggiare, ma per tutti noi è fondamentale l'idea del ritorno a un nucleo spirituale da cui abbiamo origine.

“™

Scorre l'anima nel corpo. Il contorno della mente è indefinito e ricorda la corona di una fiamma tremula. Un incantesimo vive in noi.

“™

Il grande talento richiede molto per maturare.

“™

Il vero sapiente è colui che sa di non sapere.

“™

Si è a casa dovunque su questa terra, se si porta tutto in noi stessi.

“™

Come una salda rupe esposta alle tempeste, immobile sarà il cuore della donna che ama.

“™

Tutto ciò che ci circonda ci attrae. Cosa, in tutto questo è davvero necessario?

⁓

Dipenderai meno dal futuro se avrai in pugno il presente.

⁓

La vita non è che la continua meraviglia di esistere.

⁓

Vivere è di tutti, viver bene di pochi; viver con scienza e conoscenza di pochissimi.

⁓

Amare è mettere la nostra felicità nella felicità di un altro.

⁓

La lealtà forgia un carattere fermo.

⁓

Non è abbastanza parlare di pace, bisogna credere in essa e lavorare per ottenerla.

℃ℬ

Per essere felici deve bastare poco, non deve essere cara la felicità! Se è cara non è di buona qualità.

℃ℬ

Vince solo chi è convinto di poterlo fare.

℃ℬ

La felicità è conoscere e meravigliarsi.

℃ℬ

L'uomo coraggioso non è violento, il buon lottatore non perde la calma.

℃ℬ

Un vincitore è semplicemente un sognatore che non si è mai arreso.

℃ℬ

Il Genio è saggezza e gioventù.

∝ℬ

La vita perde ogni libertà e bellezza quando si fonda sul principio dell'io ti do e tu mi dai.

∝ℬ

Creare è dare una forma al proprio destino.

∝ℬ

Malgrado l'apparente diversità dei fenomeni, l'universo è stretto in un solo fascio di vita.

∝ℬ

Chi si preoccupa prima del necessario si preoccupa solo più del necessario.

∝ℬ

Una buona testa e un buon cuore sono sempre una combinazione formidabile.

∝ℬ

La pazienza è amara ma il suo frutto è dolce.

CR

L'inganno viene alla luce, nonostante tutte le cautele.

CR

Le persone non sono ridicole se non quando non vogliono parere o essere ciò che non sono.

CR

Pensiamo che ridurre un oggetto ai minimi termini possa rivelare qualcosa di definito. Scomporre non aiuterà poiché tutto è uno.

CR

La timidezza fonte inesauribile di disgrazie nella vita pratica, è la causa diretta, anzi unica, di ogni ricchezza.

CR

Il tempo è come una corrente ininterrotta di acqua che perpetua il corso delle nostre esistenze.

Il concetto di spiritualità coincide con il concetto di pensiero positivo.

ᘓ

Ridere è il linguaggio dell'Anima!

ᘓ

Chi si ostina a voler capire più di quel che c'è da capire, capisce meno di tutti.

ᘓ

La vita deve essere volontà diretta da un pensiero.

ᘓ

Siamo tutti rassegnati alla morte; è alla vita che non arriviamo a rassegnarci.

ᘓ

Il miglior antidoto al dolore è il lavoro.

CŽ

Sii servo del sapere se vuoi essere veramente libero.

CŽ

La superbia è dei vizi il più frequentemente punito, e il più difficilmente sanabile.

CŽ

Non vi pentirete mai di aver aspettato, potreste pentirvi cento volte di aver fatto troppo presto.

CŽ

Il presente è il lato assolutamente doloroso dell'esistenza, ma soltanto provvisorio.

CŽ

Quando tutti i giorni diventano uguali è perché non ci si accorge più delle cose belle che accadono nella vita ogni qualvolta il sole attraversa il cielo.

❧

La solitudine è per lo spirito ciò che il cibo è per il corpo.

❧

La costanza di un'abitudine è di solito proporzionale alla sua assurdità.

❧

Tutto ciò che apprendiamo del mondo è sempre selezionato dai sensi e interpretato dalla nostra mente.

❧

Ognuno dovrebbe rendere le proprie parole soffici e tenere perché un giorno potrebbe doversele mangiare.

❧

Occorre ricevere senza orgoglio quello che la fortuna ci dona; occorre perdere senza ripianti quello che l'avversa sorte ci toglie.

CB

Ci si salva e si va avanti se si agisce insieme e non solo uno per uno.

CB

Non possiamo ovviare alla staticità: ogni evento è soggetto alla sua consumazione.

CB

Noi creiamo il mondo e noi stessi. Solo quando ci fermiamo, possiamo scorgere le verità nascoste.

CB

La disciplina deve avere uno scopo e mai essere cieca o fine a se stessa.

CB

Il buon guerriero non è aggressivo, un buon combattente non si lascia prendere dall'ira. Chi sa vincere non ha bisogno di dar battaglia, chi sa guidare gli esseri umani si mette al loro servizio.

CଓR

Chi desidera vedere l'arcobaleno, deve imparare ad amare la pioggia.

CଓR

Il desiderio non è quello che vedi ma ciò che immagini.

CଓR

L'aquila non perse mai tanto tempo come quando si sottomise alla scuola del corvo.

CଓR

La paura condiziona negativamente gli eventi.

CଓR

Non lasciamoci condizionare da eventi sfavorevoli, non turbino le nostre esistenze.

CଓR

Il saggio non è erudito; l'erudito non è saggio.

❧

L'oggetto smarrito si trova esattamente, dove è stato lasciato ...

❧

Il macrocosmo è la risultante dell'interazione fra i diversi microcosmi.

❧

Dai spazio e segui i tuoi interessi. Essi devono essere coltivati e vissuti fino in fondo.

❧

Con l'immaginazione possiamo avere cose nella vita che non ci sogneremmo nemmeno ...

❧

Riempi la tua casa di tesori e non potrai difenderla. Ammassa beni, occupa posizioni, mostra arroganza e presto sarai colpito da perdite. Questa è la via del Cielo: fa il tuo lavoro e poi ritirati quieto.

છ

Per la propria crescita spirituale è necessario saper rinunciare a qualcosa di materiale.

છ

La pacatezza è buona cosa, ma se freniamo gli slanci espressivi perdiamo i contatti personali.

છ

La via del cielo consiste nel nutrire e nel non arrecare danno. La via del saggio consiste nell'essere generoso e nel non competere.

છ

Quando la notte è così buia da non scorgere il proprio naso, siatene certi, l'alba è molto vicina.

છ

Il saggio non accumula nulla. Più usa ciò che ha per gli altri, più ha. Più dà ciò che ha agli altri, più é ricco.

꒰

Se crediamo nelle nostre parole esse davvero
feconderanno la realtà.

꒰

Saremo sicuri di noi soltanto se siamo onesti
con noi stessi.

꒰

Segui la via, e piegati come un giunco, se devi
farlo. Così impedirai a chiunque di spezzarti.

꒰

Gli esseri umani sono morbidi e flessibili
quando nascono, duri e rigidi quando
muoiono. Gli alberi e le piante sono teneri e
flessibili quando sono in vita,
secchi e rigidi quando sono morti. Perciò il
duro e il rigido sono compagni della morte, il
morbido e il flessibile sono compagni della
vita. Un combattente che non sa arretrare non
può vincere; un albero incapace di piegarsi si
spezza. La rigidità e la forza sono inferiori, la
flessibilità e la morbidezza superiori.

ଓଃ

La verità è eterna, la consapevolezza è mutevole.

ଓଃ

La grande quercia non viene mai calpestata mentre il flessibile giunco sì, la grande quercia da ospizio a molte creature del cielo e i suoi frutti sono nutrimento per la terra ove cadono e per molti animali del bosco. La grande quercia quando muore o viene abbattuta, da legna da ardere e legno per le operose mani dell'uomo.

ଓଃ

Mollare... Non Mollare...
Ti preoccupi troppo di ciò che era e di ciò che sarà... Ieri, era storia.. Domani, sarà un mistero... Ma Oggi, è un dono!
Per questo si chiama "Presente".

ଓଃ

Chi sforza i suoi passi non può camminare bene.

⋈

Memore della forca che l'attende il predone
frena le sue mani e la sua cupidigia.

⋈

La presunzione è come la casa del nuovo ricco
che luccica solo per gli stolti.

⋈

Non chiedere al maestro cosa c'è oltre la porta,
chiedi solo la chiave per aprirla. E' tutto quello
che può darti, il resto dipende da te.

⋈

Sovente il caso dona gratuitamente dalla porta
del giardino ciò che si dà con tutto il cuore
dalla porta di casa.

⋈

Nessun errore e nessun cuore spezzato, ti può
distogliere da ciò per cui sei stato creato.

☙

Chi vede che una cosa è giusta, e non la fa, vuol dire che è un individuo senza coraggio.

☙

Chi non ha motivo di tristezza si cruccia per la morte dell'asino del vicino.

☙

La torre più alta nasce da un mucchietto di terra.

☙

La ragione ci può assistere fino a un punto. Oltre, solo la mente ci potrà guidare nel verso giusto.

☙

Gli uomini studiosi sono come il grano e il riso, gli uomini incolti sono come i giunchi e l'erba.

CB

Esiste una sola libertà: la verità. Esiste una sola schiavitù: la menzogna.

CB

Nessun uomo può essere felice se non ha stima di se stesso.

CB

Il buono non pretende di avere ragione; chi pretende di avere ragione non è buono.

CB

Affilare troppo una lama le fa perdere il filo.

CB

Ogni scelta è soltanto una scelta. Non è possibile raggiungere un fine senza una scelta.

CB

L'amore è desiderio fattosi saggio.

⚜

La verità non consiste nelle belle parole; le belle parole non sono verità.

⚜

Chi ha da percorrere cento miglia, consideri le novanta come metà.

⚜

Stai in piedi come un albero, siedi come una roccia, muoviti come il vento.

⚜

Il cuore è come un fiore di loto che si schiude e da cui emerge il fanciullo che è in noi.

⚜

Un viaggio di mille miglia comincia con un passo.

www.ingramcontent.com/pod-product-compliance
Lightning Source LLC
Chambersburg PA
CBHW070320290526
45791CB00003B/1193